13

Les Golfeurs

2 Bienvenue au club

Dessins
Francis Sapin
Scénario
Filmore & Francis Sapin
Couleurs
Sandra Jans

BAMBOO ÉDITION

www.bamboo.fr

Couleurs de couverture : Francis Sapin

290 route des Allogneraies
71850 CHARNAY-LÈS-MÂCON
Tél. 03 85 34 99 09 - Fax 03 85 34 47 55
Site Web : www.bamboo.fr
E-mail : bamboo@bamboo.fr

PREMIÈRE ÉDITION
Dépôt légal : septembre 2018
ISBN 978-2-8189-4995-5

PEFC
PEFC/10-31-1800
PROMOUVOIR LA GESTION DURABLE DE LA FORÊT

La fabrication de cet album répond au processus de développement durable engagé par Bamboo Édition.
Il a été imprimé sur du papier certifié PEFC.

Printed in France
Imprimé et relié en France par PPO Graphic, 91120 Palaiseau

DIS DONC... JE N'AI JAMAIS VU AUTANT DE FEUILLES MORTES QU'AUJOURD'HUI !
ALORS REGARDE PAR LÀ !!
ÇA ALORS !!!
IL VA FALLOIR DÉBLAYER AVANT DE JOUER !
LAISSE ! JE M'EN CHARGE !
ET VOILÀ !
EUH... TU ES SÛR QUE ... ??
AH PARDON ! LE RÈGLEMENT NE PRÉCISE PAS DU TOUT SI ON DOIT ENLEVER ...
... TOUTES LES FEUILLES !

ARGN!!!
PAF!
FÉLICITATIONS ! UN COUP TRÈS PUISSANT !
PFF... MERCI ! PFF...VOUS NE VOYEZ PAS OÙ EST ALLÉE MA BALLE ?
SI ! ELLE EST DEVANT LA MIENNE D'UN MÈTRE ENVIRON !
UN MÈTRE ... !!
ON CONTINUE ?
HÉ HÉ. JE SAVAIS BIEN QU'EN FAISANT CINQ HEURES DE MUSCULATION PAR JOUR ET EN M'ENTRAÎNANT À FOND, J'ARRIVERAIS À DÉPASSER CE CHAMPION À LA GOMME !
... SANS OUBLIER MON TOUT NOUVEAU DRIVER À SUPER GROSSE TÊTE ... L'ARME FATALE DU GOLF !
AH PARDON ! CELLE-CI EST À MOI !!
?
MAIS ALORS ÇA VEUT DIRE QUE ...
... LA MIENNE EST ENCORE PLUS LOIN ??
EXACT !
... ELLE EST DANS LE LAC !
BLUB
BLUB

TU VOIS, ELLE A DÛ TOMBER PAR ICI !
ET QU'EST-CE QUE TU JOUAIS COMME BALLE DÉJÀ ?
AUCUNE IDÉE !
MAIS ALORS... COMMENT SAURAS-TU QUE TU AS RETROUVÉ LA BONNE BALLE ?
PAS DE PROBLÈME. JE LA RECONNAÎTRAI !
ET PUIS, TU SAIS... QUAND TU JOUES UNE TITLEIST 2 OU UNE TOPLIFE 4, C'EST PAS TELLEMENT ORIGINAL !
COMMENT ÇA ??
BEN OUI ! IL DOIT Y AVOIR AU MOINS CINQUANTE PERSONNES QUI UTILISENT LES MÊMES BALLES AUJOURD'HUI !
LOGIQUE FÉMININE IMPARABLE !!
MAIS MOI, J'AI LA TECHNIQUE !
PARCE QUE JE SUIS LA SEULE JOUEUSE À PARFUMER MA BALLE...
SNUF!
SNUF!
SNUF!
... AVEC DU CHANEL N° 5 !

JE NE VOUDRAIS PAS TE PRESSER MAIS IL Y A DES GENS QUI ATTENDENT APRÈS NOUS !
ÇA VA J'Y VAIS !
AH ENFIN !
HÉ!! JOLI COUP !
TU L'AS SORTIE DU PREMIER COUP ?
OUI ! ... OUI !!
POURTANT, IL M'AVAIT SEMBLÉ ...
...ALLEZ VIENS ! ON N'A PAS TOUTE LA JOURNÉE !
HA! HA! JE M'EN DOUTAIS !
AÏE !!!
... C'EST FOU COMME LES GENS RATISSENT MAL. TU NE TROUVES PAS ?
J'ALLAIS LE DIRE !

JÉRÔME ?? C'EST UN GARS HYPER-DOUÉ AU DÉPART !
IL FAUT QUE JE TE RACONTE !
IL PARAÎT QUE MÊME TOUT PETIT, IL AVAIT DÉJÀ ÇA DANS LE SANG !...
... D'APRÈS SES PARENTS !
HA! HA!
BOUM!
G O L F
MAIS C'EST BIZARREMENT À L'ÂGE DE DOUZE ANS, LORS D'UN TOURNOI DE HOCKEY SUR GLACE, QU'IL A RÉALISÉ LA PUISSANCE DE SON SWING !
APRÈS CET EXPLOIT, IL S'EST ENTRAÎNÉ SANS RELÂCHE !
VOYOU
MA CANNE!
PAF!
COLA
ALORS QUE SES CAMARADES PASSAIENT PÉNIBLEMENT LEURS DIPLÔMES OU CHERCHAIENT UN EMPLOI QUALIFIÉ...
BAC RÉSULTATS
... JÉRÔME N'AVAIT ABSOLUMENT AUCUN DOUTE SUR SON AVENIR...
€
IL ÉTAIT SÛR QUE SON SWING QUI BALAYAIT TOUT SUR SON PASSAGE...
... SERAIT UN JOUR SON GAGNE-PAIN !
GOLF DU PARC

Quelques points importants à ne pas oublier pendant la seconde et demie que dure le swing :
1 LA TÊTE RESTE SUR LA BALLE !
2 LE POIDS EST À L'INTÉRIEUR DES PIEDS !
3 TRANSFÉRER ENTIÈREMENT TOUT LE POIDS SUR LA JAMBE GAUCHE !
4 DÉMARRER LE RETOUR AVEC LES HANCHES !
5 AU RETOUR, GARDER L'ANGLE DU CLUB À 90°, ET RENTRER DANS LA HANCHE DROITE !
6 TRAVERSER PLUTÔT QUE FRAPPER LA BALLE !
7 TERMINER EN ÉQUILIBRE SUR LA JAMBE GAUCHE !
... et n'oubliez pas le plus important :
DÉCONTRACTEZ-VOUS !

ET VOUS APPELEZ ÇA UN SPORT ?!
LAISSEZ-MOI RIRE !
DITES DONC !! BIEN SÛR QUE C'EST UN SPORT ! QUE CROYEZ-VOUS QUE CE SOIT, ENFIN ?
BAH... UN SIMPLE JEU, UN POINT C'EST TOUT !
TU ES INJUSTE, CHÉRI. ÇA DEMANDE UNE CERTAINE HABILETÉ TOUT DE MÊME.
MOUAIS... SI ON VEUT !
ET ON PEUT SAVOIR QUEL SPORT VOUS PRATIQUEZ PAR HASARD ?
ALORS LÀ, ATTENTION !! MON MARI EST PASSIONNÉ PAR PLEIN DE SPORTS !
LE FOOT !
LE RUGBY !
LE TENNIS !
LE BASKET !!
DITES DONC... ÇA DOIT NÉCESSITER BEAUCOUP D'ENTRAÎNEMENT !
C'EST VRAI QUE J'Y CONSACRE BEAUCOUP D'HEURES...
... AINSI QU'UN BUDGET CONSÉQUENT !!
J'AI DIT À MA FEMME : ÇA COÛTE CE QUE ÇA COÛTE, MAIS SI ON FAIT LES CHOSES, ON LES FAIT À FOND... !!
...ALORS JE NOUS AI OFFERT QUATRE OU CINQ ABONNEMENTS À Canal TV & SPORT®
OUAIS !

* AUTHENTIQUE

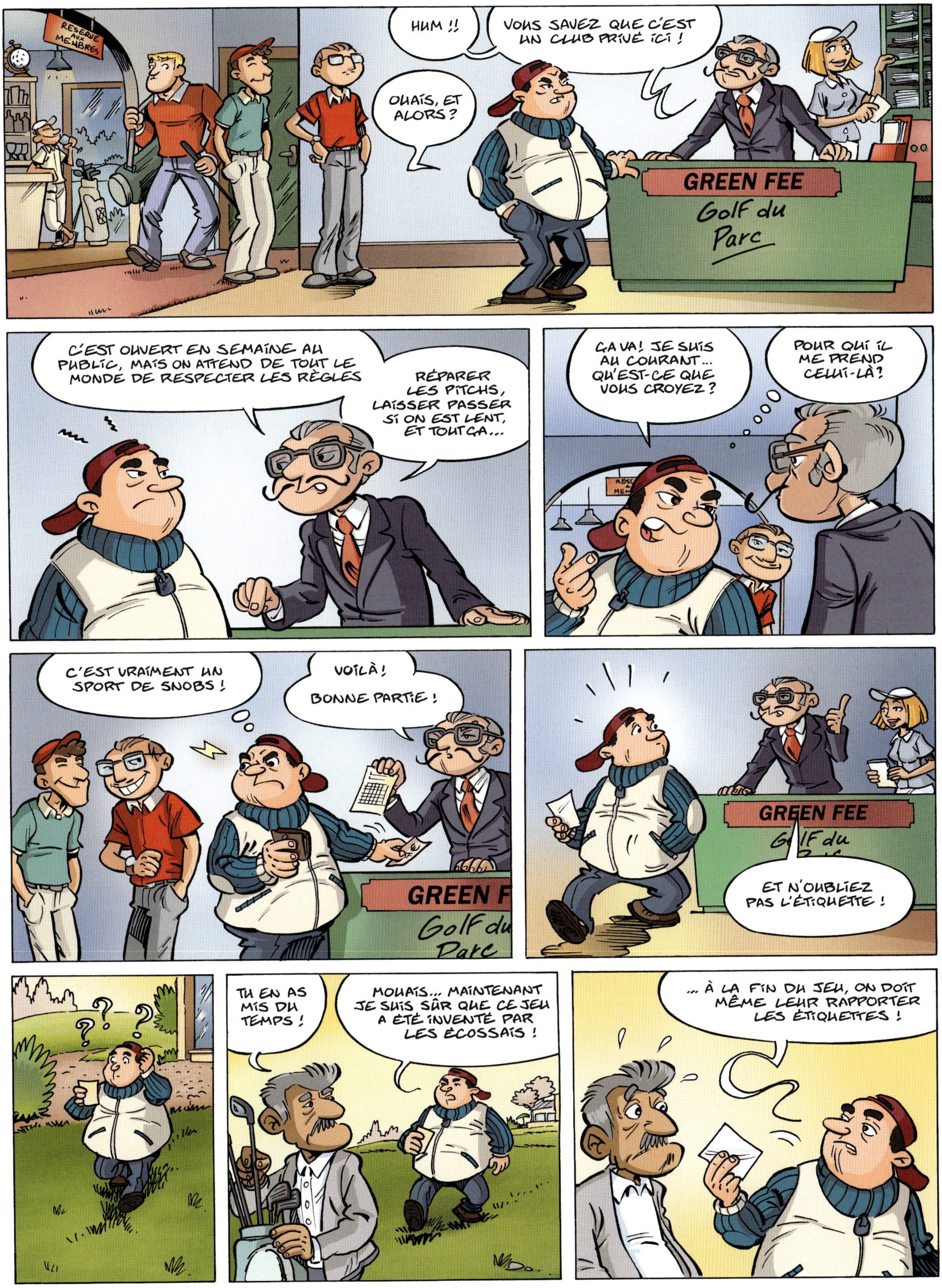
RÉSERVÉ AUX MEMBRES
HUM !!
VOUS SAVEZ QUE C'EST UN CLUB PRIVÉ ICI !
OUAIS, ET ALORS ?
GREEN FEE
Golf du Parc
C'EST OUVERT EN SEMAINE AU PUBLIC, MAIS ON ATTEND DE TOUT LE MONDE DE RESPECTER LES RÈGLES
RÉPARER LES PITCHS, LAISSER PASSER SI ON EST LENT, ET TOUT ÇA...
ÇA VA ! JE SUIS AU COURANT... QU'EST-CE QUE VOUS CROYEZ ?
POUR QUI IL ME PREND CELUI-LÀ ?
C'EST VRAIMENT UN SPORT DE SNOBS !
VOILÀ !
BONNE PARTIE !
ET N'OUBLIEZ PAS L'ÉTIQUETTE !
TU EN AS MIS DU TEMPS !
MOUAIS... MAINTENANT JE SUIS SÛR QUE CE JEU A ÉTÉ INVENTÉ PAR LES ÉCOSSAIS !
... À LA FIN DU JEU, ON DOIT MÊME LEUR RAPPORTER LES ÉTIQUETTES !

WAHH... REGARDE OÙ EST MA BALLE ! D'ICI, JE SUIS SÛR DE POUVOIR L'ENVOYER À 200 MÈTRES AU MOINS !
C'EST SÛR !
AARGH!! COMMENT AI-JE PU RATER UN COUP PAREIL ??
ALLONS, NE TE LAISSE PAS ABATTRE !
PETIT RAPPEL : AU GOLF, C'EST IMPORTANT D'AVOIR UN BON STANCE !...
ET ALLEZ ! C'EST REPARTI POUR LES BONS CONSEILS !
...UN BON GRIP !...
OÙ EST MA BALLE ?
PFF !
!! ZUT ! ELLE EST COINCÉE !
EUH...
IL FAUT AUSSI UN BON SWING !...
...ET SURTOUT UNE BONNE VUE !
POC !

J'ABANDONNE !!
?
QUE SE PASSE-T-IL ?
ÇA FAIT UNE HEURE QUE CETTE CLIENTE ESSAIE DES CLUBS ET ELLE N'ARRIVE TOUJOURS PAS À SE DÉCIDER !
GOLF SHOP
SOLDES
JE LUI AI POURTANT FAIT ESSAYER AU MOINS DIX MARQUES DE CLUBS DIFFÉRENTES ...
LAISSE ! J'EN FAIS MON AFFAIRE !
JE LUI AI BIEN TOUT EXPLIQUÉ ...
... LA TAILLE EXACTE DES TÊTES DE BOIS, LE TYPE DE SHAFT, LES CARACTÉRISTIQUES TECHNIQUES LES PLUS DÉTAILLÉES...
JAMAIS ELLE N'ACHÈTERA, C'EST SÛR !
D'ACCORD ! JE PRENDS CELUI-CI !
QUOI ??
JE VOUS LAISSE RÉGLER AVEC MON COLLÈGUE !
MERCI, VOUS M'AVEZ BIEN CONSEILLÉE !!
MAIS COMMENT AS-TU FAIT POUR LUI VENDRE EN 5 MINUTES LE SET DE BOIS LE PLUS CHER ??
FACILE !
JE LUI AI DIT QU'ILS ÉTAIENT PARFAITEMENT ASSORTIS À SES YEUX !
GOLF SHOP

BRAVO
ENCORE

J'EN AI ASSEZ DE L'HYPOCRISIE DU GOLF !
??
DE QUOI TU PARLES ?
TU LE SAIS BIEN !! POUR GAGNER, IL FAUT QUE TON ADVERSAIRE JOUE MAL !
ET POURTANT, ON PASSE TOUS NOTRE TEMPS À DIRE : BRAVO ! ... BIEN JOUÉ ! ... OU AU CONTRAIRE : DOMMAGE !! ELLE A FAILLI RENTRER...
JE SAIS BIEN, MAIS QUE VEUX-TU ? ÇA FAIT PARTIE DE L'ÉTIQUETTE DU GOLF !
EH BIEN MOI, J'AI CHANGÉ !! HIER, LA BALLE D'UN GARS EST RENTRÉE DIRECTEMENT DANS UN BUNKER ! ... ET TU SAIS CE QUE J'AI DIT ?
EUH, NON !
YAHOOO !!
VA PRENDRE DES LEÇONS ESPÈCE DE NUL !
CROIS-MOI ! ÇA SOULAGE !!
MOUAIS... C'EST UNE APPROCHE COMME UNE AUTRE !
TU JOUES À QUELLE HEURE AUJOURD'HUI ?
EUH... EN FAIT, VA SAVOIR POURQUOI...
... AUCUN DE MES AMIS N'EST LIBRE POUR JOUER AVEC MOI !

PFF...
LES LUNDIS MATIN SONT DÉPRIMANTS !
ALLEZ ! UN PEU DE COURAGE, BON SANG ! REGARDE UN PEU TOUT CE QUI T'APPARTIENT !
SOUPIR !!
OUI, JE SAIS. JE N'AI PAS À ME PLAINDRE... JE POURRAIS M'ÊTRE LEVÉ À 5 HEURES POUR TRAVAILLER À L'USINE...
SLURP !
ET PUIS TU N'ES PAS TOUT SEUL... TU AS TOUJOURS DE LA COMPAGNIE !
JE SAIS QUE TU AS RAISON, MAIS ÇA N'EMPÊCHE RIEN. LE LUNDI MATIN, JE N'AI VRAIMENT PAS LE MORAL ...
... C'EST LE JOUR DE FERMETURE DU CLUB !

EUH... LE NOUVEAU "GREEN KEEPER"
TU SAIS CE QU'IL FAISAIT AVANT ?
FOSSOYEUR
POURQUOI ?
Ci - GiT
Trou n°8

LES PAUVRES CHÉRIES : ELLES N'Y ARRIVERONT PAS !
C'EST BON POUR NOUS ÇA !
HÉHO!
ON PEUT SE CONCENTRER OUI ?
NE LES ÉCOUTE DONC PAS ! REGARDE PLUTÔT : IL Y A UNE FORTE PENTE VERS LA FIN !
C'EST ÇA. PRENEZ VOTRE TEMPS, LES FILLES !
EN FAIT, TU DOIS JOUER AU MOINS À 10 CM À GAUCHE DU TROU !
SI VOUS VOULEZ, VOUS POUVEZ MÊME VOUS REMAQUILLER !
MOI, JE VEUX BIEN, MAIS J'AI QUAND MÊME DU MAL À VOIR LA LIGNE QUE ...
ALLEZ ! UN PETIT COUP DE ROUGE À LÈVRES !!
HA! HA! HA!
HÉ! HÉ!
HA! HA!
ÇA SUFFIT, VOUS DEUX AVEC VOS REMARQUES SEXISTES !!
HÉ! HÉ
...
TOUT COMPTE FAIT, C'EST PAS SI BÊTE !
AH OUI !
MAINTENANT, JE VOIS PARFAITEMENT LA LIGNE !
C'EST NICOLAS QU'IL FAUT REMERCIER !
TU NE POUVAIS PAS LA FERMER, NON ?

J'TE JURE : JE NE PEUX PLUS RATER UN SEUL PUTT DEPUIS QUE JE ME METS À RÉFLÉCHIR COMME EINSTEIN
TU SAIS : CELUI QUI A PARLÉ DE LA RELATIVITÉ DE L'INFINIMENT PETIT...
JE M'EXPLIQUE. ON EST BIEN D'ACCORD QUE RATER UN PUTT À 10 CM EST IMPOSSIBLE PAS VRAI ?
OUAIS ! ET ALORS ?
ALORS, SI C'EST IMPOSSIBLE POUR 10 CM, C'EST PAREIL POUR 11 CM : C'EST PAS 1 CM QUI VA FAIRE LA DIFFÉRENCE !
DU COUP, C'EST PAREIL POUR 12 CM, QUI N'A QU'1 CM DE PLUS QUE 11... ET AINSI DE SUITE JUSQU'À L'INFINI !
DONC, EN THÉORIE... C'EST IMPOSSIBLE DE RATER CE PUTT !
ET JE LE PROUVE !
POC !
HÉ HÉ... QUEL DOMMAGE QUE EINSTEIN NE SOIT PLUS LÀ POUR VOIR ÇA !
GRMLL ... POURQUOI ?
... MAIS PARCE QUE TU VIENS D'ÉTABLIR LE LIEN ENTRE L'INFINIMENT PETIT ET L'INFINIMENT GRAND !
OH, ÇA VA HEIN !

SCORE
1 Equipe A Hole 9 +4
2 Equipe B Hole 9
PFOUH !!
MAIS QU'EST-CE QUI T'ARRIVE MA CHÉRIE. C'EST LE 4e COUP QUE TU RATES !
HÉ ! C'EST PAS MA FAUTE !
HÉ ! HÉ !
COMMENT ÇA PAS TA FAUTE ??
BEN... EN FAIT, QUAND IL PLEUT JE SUIS HYPER NULLE !
ET C'EST MAINTENANT QUE TU LE DIS ?...
HÉ ! HÉ !!
ON EST EN TRAIN DE PERDRE LA COMPÉTITION ! RÉAGIS, BON SANG !
CE QU'IL FAUDRAIT, C'EST JUSTE UNE PETITE ÉCLAIRCIE !!
JE RÊVE !
EN ÉCOSSE, IL PLEUT TOUT LE TEMPS, ET POURTANT C'EST LÀ-BAS QUE LE GOLF A ÉTÉ INVENTÉ !
JE NE VOIS PAS POURQUOI CE SERAIT DIFFÉRENT ICI !!
SCORE
1 Equipe B Hole 18 +5
2 Equipe A Hole 18
TU VOIS POURQUOI, MAINTENANT ??
ARF !
BING
PFOUH... JE N'Y AURAIS JAMAIS PENSÉ !

TU LE TENTES EN UN COUP ?
UN "HOLE IN ONE" ?? JE VEUX BIEN ESSAYER, MAIS IL FAUDRAIT UNE SACRÉE CHANCE POUR Y ARRIVER !
HUMPF !
PAS MAL !! ÇA VA Y ALLER ...
NON. ELLE DÉVIE ! C'EST FICHU !
ATTENDS !! IL Y AURA PEUT-ÊTRE UN REBOND !
?
?
PAF !
WAH !! VOUS AVEZ VU ÇA LES GARS ? SÉBASTIEN A RÉUSSI UN "HOLE IN ONE" !
UN "HOLE IN ONE" ?!
ÇA SE FÊTE !
SÉBASTIEN !! SÉBASTIEN !!
BIEN ENTENDU, TU PAIES LE CHAMPAGNE À TOUT LE MONDE !
C'EST LA TRADITION !
EUH... D'ACCORD !
OUAIS !! IL EST DES NÔTRES !
BONNE NOUVELLE. JE ME SUIS ARRANGÉ POUR QUE LE CHAMPAGNE COULE À FLOTS CET APRÈS-MIDI !
MALGRÉ LES RESTRICTIONS BUDGÉTAIRES ?
VOUS ÊTES TROP FORT, MONSIEUR LE DIRECTEUR !

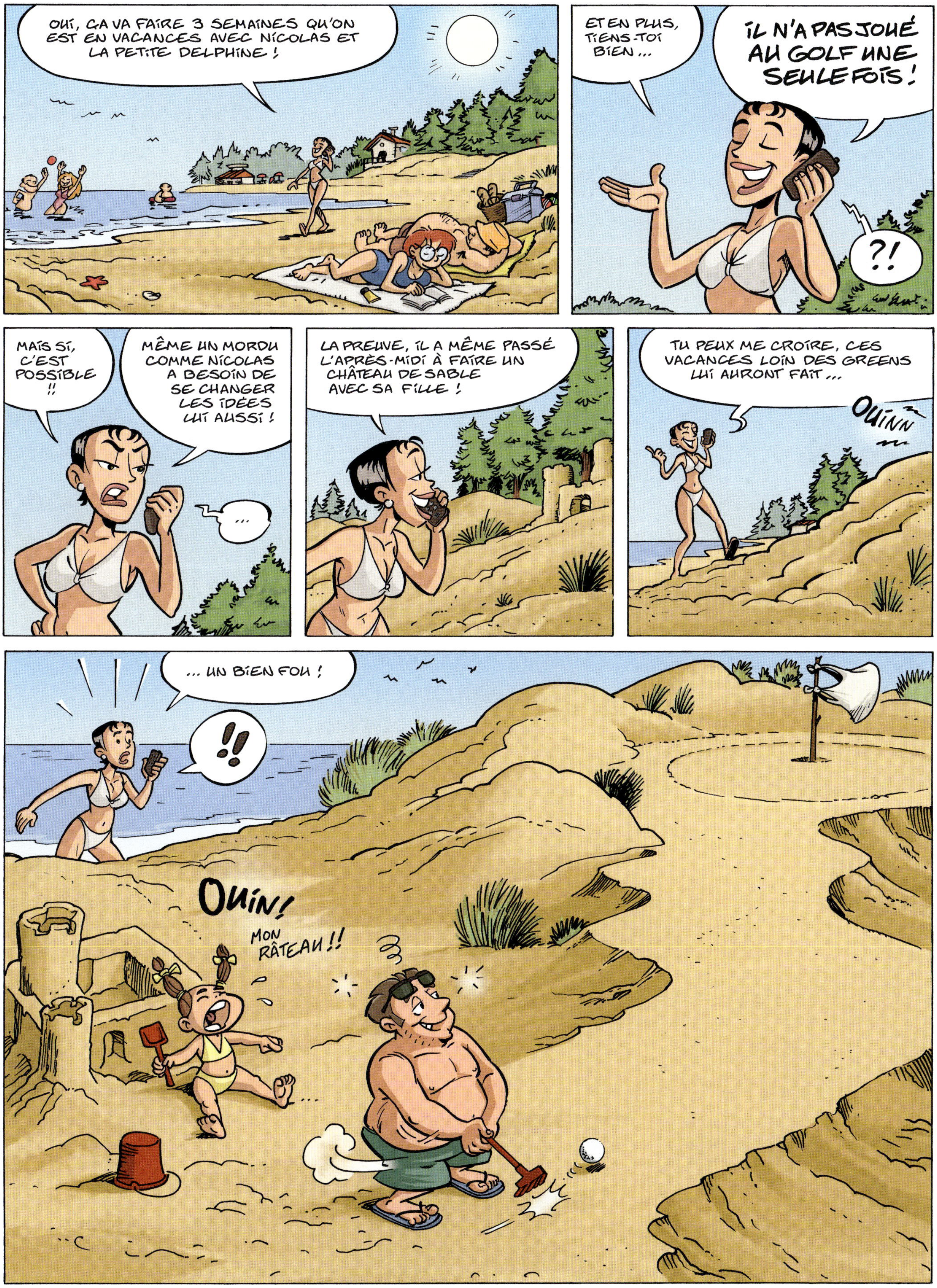
OUÍ, ÇA VA FAIRE 3 SEMAINES QU'ON EST EN VACANCES AVEC NICOLAS ET LA PETITE DELPHINE !
ET EN PLUS, TIENS-TOI BIEN ...
IL N'A PAS JOUÉ AU GOLF UNE SEULE FOIS !
?!
MAIS SI, C'EST POSSIBLE !!
MÊME UN MORDU COMME NICOLAS A BESOIN DE SE CHANGER LES IDÉES LUI AUSSI !
...
LA PREUVE, IL A MÊME PASSÉ L'APRÈS-MIDI À FAIRE UN CHÂTEAU DE SABLE AVEC SA FILLE !
TU PEUX ME CROIRE, CES VACANCES LOIN DES GREENS LUI AURONT FAIT ...
OUINN
... UN BIEN FOU !
!!
OUIN!
MON RÂTEAU !!

ARF!
AH LA LA !
J'AI COMPLÈTEMENT RATÉ...
... MON DRIVE !
??
WAF! WAF!
QU'EST-CE QU'IL A TON CHIEN ?
JE NE SAIS PAS. C'EST LA PREMIÈRE FOIS QU'IL FAIT ÇA !
NON, MÉDOR ! TU NE DOIS PAS FAIRE...
!!
ARF!!
ÉCOUTE. TU N'AS QU'À REJOUER SANS PÉNALITÉ. CE N'EST PAS TA FAUTE SI TON CHIEN A RÉCUPÉRÉ LA BALLE !
OK ! TU ES GENTIL !
AH OUAIS ! ÇA C'EST UN BON COUP !
TIENS, C'EST CURIEUX, CE COUP-CI, TON CHIEN N'A PAS BOUGÉ !
EUH... OUI... BIZARRE !
HÉ ! HÉ !
C'EST BIEN, MÉDOR ! TU AS TOUT COMPRIS !
ARF! ARF!

BONSOIR !
?! ...EUH BONSOIR !
?
POF!
?
EXCUSEZ-MOI, MAIS JE...
CHUT !!
JE VOIS : IL NE FAUT PAS VOUS DÉCONCENTRER !
VOUS AVEZ SANS DOUTE BESOIN DE TRAVAILLER VOTRE SWING DANS DES CONDITIONS DE VISIBILITÉ TRÈS FAIBLE...
PAS DU TOUT... C'EST POUR RENDRE SERVICE À UN AMI !
HA ?
OH!! UNE ÉTOILE FILANTE !
ÇA VEUT SÛREMENT DIRE QU'ON EST FAITS L'UN POUR L'AUTRE...
... CHÉRIE !

?!!
TU VEUX QUE TOUT LE MONDE SACHE COMBIEN TON ÉQUIPEMENT T'A COÛTÉ ?
PAS DU TOUT ! EN PLUS, C'EST BIEN TOI QUI M'AS DIT QU'AU GOLF...
... LE PLUS IMPORTANT EST DE RESPECTER L'ÉTIQUETTE !

CENSURÉ
SÉBASTIEN, J'AI CRU COMPRENDRE QUE VOTRE LANGAGE AVAIT CHOQUÉ SUR LE PARCOURS AUJOURD'HUI !
QUE S'EST-IL PASSÉ EXACTEMENT ?
BEN... J'ÉTAIS EN TÊTE DU TOURNOI ET IL SUFFISAIT QUE JE FASSE UN DOUBLE BOGEY POUR GAGNER !
J'AI FRAPPÉ AVEC UN "FER 5" PARFAIT, MAIS J'AI DONNÉ UN PEU TROP DE BACKSWING ET LA BALLE EST TOMBÉE DANS LE BUNKER !
Et MMMM !!
DE LÀ, J'AI FAIT UNE SORTIE DE BUNKER SUPERBE MAIS À CAUSE D'UN RÂTEAU OUBLIÉ SUR LE GREEN ELLE EST RETOMBÉE DANS LE BUNKER !!
PMMMM de Balle
J'AI FAIT UN TROISIÈME COUP MAGNIFIQUE, MAIS MON ADVERSAIRE A SORTI LE DRAPEAU ET MA BALLE L'A COGNÉ AVANT DE RETOMBER DANS LE ROUGH !
Espèce de CMMMM de
CE N'EST PAS DE CHANCE, BIEN SÛR... MAIS DE LÀ À ÊTRE GROSSIER... J'ESPÈRE QUE VOUS VOUS ÊTES RESSAISI !
... ENSUITE, J'AI FAIT UNE APPROCHE QUI A ENVOYÉ LA BALLE TOUT DROIT VERS LE TROU.
ALORS... ÇA VOUS FAISAIT UN BOGEY !
...VOUS AVEZ GAGNÉ LA COMPÉTITION !!
EUH... NON ! PARCE QUE MON PARTENAIRE AVAIT LAISSÉ UNE MARQUE ET LA BALLE S'EST ARRÊTÉE À 5 CM DU TROU !
Quoi ?
NE ME DITES PAS QUE VOUS AVEZ RATÉ CE PMMMM DE PUTT !

C'EST PAS VRAI ??
VOUS JOUEZ AU GOLF ??!
EXACT, C'EST UN SPORT TRES COMPLET. VOUS DEVRIEZ ESSAYER !
HA HA ! ÇA NE RISQUE PAS !
C'EST UN SPORT DE MEUFS !
QUOI ?!
PARLEZ-MOI DE FOOT. ÇA C'EST UN VRAI SPORT. ON COURT, ON TRANSPIRE, ON A DES BLEUS PARTOUT...
UN SPORT VIRIL, QUOI !
RETIRE ÇA TOUT DE SUITE ESPÈCE DE PETIT...
ET PUIS QUOI ENCORE ?
HOLÀ ! ON SE CALME LES GARS !!
GRRR !!
NOUS, ON A UN MOYEN DE VOUS DÉPARTAGER POUR DE BON ! PAS VRAI MATHILDE !?
LEQUEL ?
LE PING-PONG !
YEAH !
UN VRAI SPORT DE MEUFS !

ARRÊTE !!!
?
TU CROIS QUE JE N'AI PAS VU TON PETIT MANÈGE ?
DE QUOI ??
JE TE CONNAIS, MON VIEUX !
SOUS PRÉTEXTE QUE TA BALLE A ATTERRI DANS CE TAS DE FEUILLES, TU VAS EN PROFITER POUR LA POUSSER DISCRÈTEMENT VERS LE GREEN !
TU M'ACCUSES DE VOULOIR TRICHER ?
ROOHH !
PARFAITEMENT !
ET SI ON DEMANDAIT À QUELQU'UN D'IMPARTIAL D'ENLEVER TOUTES LES FEUILLES : LE JARDINIER DU GOLF PAR EXEMPLE ?
MOUAIS... À CONDITION QU'IL PROMETTE DE NE PAS TOUCHER À LA BALLE !
D'ACCORD !
PUT PUT PUT
VROAM
VROOOAM
BEN QUOI ?
IL N'Y TOUCHE PAS !

TIENS ! TU DONNES À MANGER AUX CHATS DU QUARTIER ?
EH OUI !
DOUCEMENT !
COMME C'EST MIGNON !
N'EST-CE PAS ?
MEOW
MIAM !
MIAM !
ET EUX AUSSI, ILS ONT FAIM !
COMME C'EST GENTIL !
HA ! HA ! ... JE ME DEMANDE S'IL Y A UNE CAUSE PERDUE POUR LAQUELLE MA CHÈRE PETITE FEMME NE SE BAT PAS !
AH CHÉRI... C'EST TOI ?
PLUS QUELQU'UN EST PAUMÉ, PLUS ELLE L'ADORE ! C'EST ÇA QUI FAIT SON CHARME !
ALLEZ !!! JE FILE À MA LEÇON DE GOLF !
AH... POURVU QU'IL NE FASSE PAS TROP DE PROGRÈS !
?? POURQUOI ?
PARCE QUE C'EST GRÂCE À SON HANDICAP AU GOLF QU'IL M'A SÉDUITE !
MAIS IL EN A UN DE 48 !!
C'EST HYPER FAIBLE COMME NIVEAU...
COMME C'EST ATTENDRISSANT !

BLA!
BLA!
BLA!
... EUH... ÇA A COMMENCÉ ?
PAS ENCORE !
HUM !
ET MAINTENANT, CONFORMÉMENT AU VOEU LE PLUS CHER DU DÉFUNT...
... NOUS ALLONS ÉPARPILLER SES CENDRES...
MERCI !
... SUR LE GREEN DU 17, LE TROU QU'IL N'EST JAMAIS ARRIVÉ À ATTEINDRE EN RÉGULATION !
KOF! KOF!
KOF!
KOF!
PAUVRE VIEUX !
C'EST PAS ENCORE POUR CE COUP-CI !

COMME VOUS ÊTES MUSCLÉ !
COMME VOUS ÊTES BEAU !
ET VOTRE SWING EST TELLEMENT PUISSANT !
C'EST UN HONNEUR DE JOUER CONTRE VOUS !
PSSITT !
CARO ! QU'EST-CE QUI TE PREND ?
SI TU LE FLATTES COMME ÇA, IL VA ÊTRE HYPER SÛR DE LUI !
T'INQUIÈTE ! JE N'AI PAS FAIT 3 ANS DE PSYCHO À LA FAC POUR RIEN ...
ET PUIS... 200 MÈTRES EN 1 COUP JUSQU'AU GREEN... C'EST RIEN POUR UN GARS COMME LUI !
HEIN ?
200 MÈTRES... EN 1 COUP... ... GULP !!
... APRÈS TOUT, POURQUOI PAS ?
HÉ! HÉ!
IL VA FALLOIR FRAPPER FORT !
PLOUF
C'EST RATÉ. MAIS AU MOINS, VOUS VENEZ DE GAGNER QUELQUE CHOSE DE BEAUCOUP PLUS UTILE QU'UN BON CLASSEMENT !
?
QUOI DONC ?
UNE BONNE MORALE !
TOUT GOLFEUR GAGNE AUX DÉPENS DE CELUI QUI L'ÉCOUTE !!

BLA
BLA
BLA
DOCTEUR, IL FAUT ABSOLUMENT QUE JE RETROUVE MON SWING !!
MMM !!
JE VOIS !
POUR COMMENCER, VOUS ALLEZ ESSAYER DE VOUS SOUVENIR DE LA DERNIÈRE FOIS QUE VOUS L'AVEZ EU !
ME SOUVENIR ... ?? DÉSOLÉ, MAIS JE NE CROIS PAS VRAIMENT À CES PROCÉDÉS FREUDIENS !
ALLEZ-Y FAITES-MOI CONFIANCE !
BON D'ACCORD !
IL FAISAIT BEAU...
NOUS AVIONS LE VENT DANS LE DOS...
J'AI PIVOTÉ LENTEMENT QUAND SOUDAIN...
BIP! BIP! BIP! BIP!
BIP! BIP!
... ET C'EST LORSQUE CE DE TÉLÉPHONE A SONNÉ QUE J'AI PERDU MA CONCENTRATION...
... AINSI QUE MON SWING !
QUI VOUS A APPELÉ ?
BEN... VOUS !
POUR ME DIRE QUE NOTRE RENDEZ-VOUS ÉTAIT RETARDÉ DE 30 MINUTES !
...
VOUS VOYEZ QUE ÇA MARCHE ! VOUS AVEZ TOUT À FAIT RETROUVÉ VOTRE SWING !

TROU N° 2
VOTRE BALLE EST LÀ, MONSIEUR !!
???
CADDIE
TROU N° 7
LÀ !
CADDIE
TROU N° 10
LÀ !
TROU N° 11
WAAH WAH! WAH! WAH!
...LÀ !
TROU N° 15
LÀ !
ETC.
LÀ !
BLUB! BLUB!
WAHH !!
JE FINIS CE PARCOURS EN BEAUTÉ !
18
DU COUP, J'EN REFERAIS BIEN UN DEUXIÈME ! ET VOUS, COMMENT VOUS SENTEZ-VOUS ?
LAS !

PARFAITEMENT ! C'EST LE DERNIER CRI EN MATIÈRE DE SIMULATION DE GOLF !
GOLF SHO
VOUS N'AVEZ QU'À ESSAYER !!
C'EST EXACTEMENT COMME SI VOUS FAISIEZ UN VRAI PARCOURS À PEBBLE BEACH !!
IMPRESSIONNANT N'EST-CE PAS ?
MOUAIS !
C'EST CLAIR QUE C'EST TRÈS RÉALISTE, MAIS POUR MOI LA MAGIE DU GOLF N'Y EST PAS !
ALLONS ALLONS ...
ADMIREZ-MOI LA BEAUTÉ DE CES PAYSAGES, SURTOUT LE TROU N°15, PRÈS DE L'OCÉAN !
IL Y A MÊME UNE LÉGÈRE BRISE DE GAUCHE À DROITE, REGARDEZ !
AH OUI... LA PETITE BRISE DANS LES FEUILLES !!
MAIS NON... JE N'AI VRAIMENT PAS L'IMPRESSION D'Y ÊTRE... DÉSOLÉ !
TANT PIS, À LA PROCHAINE...
ATTENDEZ !! J'AI UNE IDÉE !
SCRITCH! SCRITCH! SCRITCH!
??
ET AVEC ÇA ? VOUS AVEZ L'IMPRESSION D'Y ÊTRE ?
GREEN FEE 300€
OUI !
OUI !
J'ACHÈTE !

UN TROU EN UN SEUL COUP, C'EST UN "HOLE IN ONE" ...
... MAIS COMMENT ON APPELLE ÇA QUAND ON FAIT PLUSIEURS TROUS EN UN COUP ??
HIC!
UNE CUITE !!

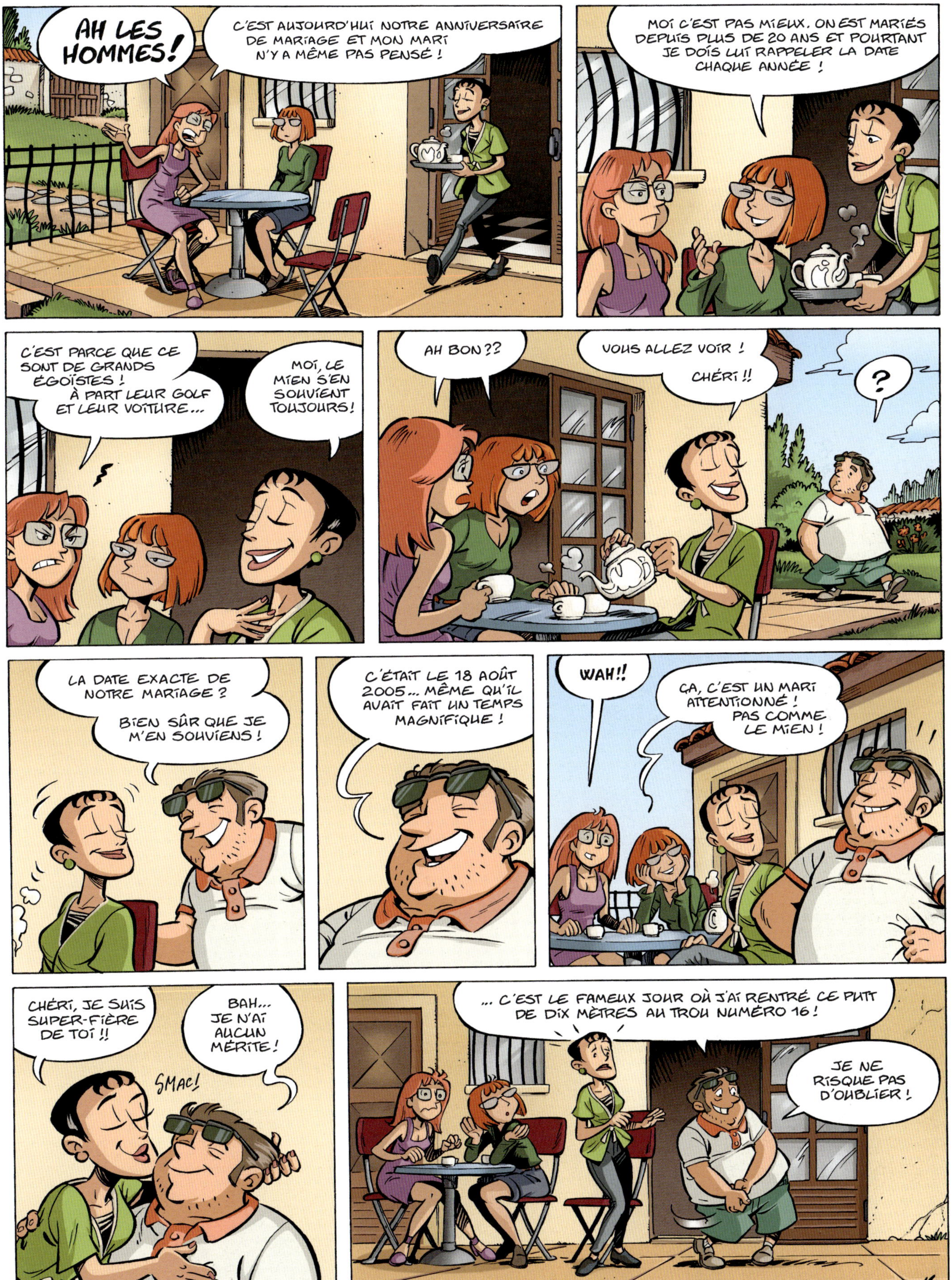
AH LES HOMMES !
C'EST AUJOURD'HUI NOTRE ANNIVERSAIRE DE MARIAGE ET MON MARI N'Y A MÊME PAS PENSÉ !
MOI C'EST PAS MIEUX. ON EST MARIÉS DEPUIS PLUS DE 20 ANS ET POURTANT JE DOIS LUI RAPPELER LA DATE CHAQUE ANNÉE !
C'EST PARCE QUE CE SONT DE GRANDS ÉGOÏSTES ! À PART LEUR GOLF ET LEUR VOITURE...
MOI, LE MIEN S'EN SOUVIENT TOUJOURS !
AH BON ??
VOUS ALLEZ VOIR !
CHÉRI !!
?
LA DATE EXACTE DE NOTRE MARIAGE ?
BIEN SÛR QUE JE M'EN SOUVIENS !
C'ÉTAIT LE 18 AOÛT 2005... MÊME QU'IL AVAIT FAIT UN TEMPS MAGNIFIQUE !
WAH !!
ÇA, C'EST UN MARI ATTENTIONNÉ ! PAS COMME LE MIEN !
CHÉRI, JE SUIS SUPER-FIÈRE DE TOI !!
SMAC !
BAH... JE N'AI AUCUN MÉRITE !
... C'EST LE FAMEUX JOUR OÙ J'AI RENTRÉ CE PUTT DE DIX MÈTRES AU TROU NUMÉRO 16 !
JE NE RISQUE PAS D'OUBLIER !

PARFAITEMENT ! CE CLUB RÉGLABLE VA VOUS FAIRE GAGNER AU MOINS TROIS POINTS DE HANDICAP... ...ET CECI GRÂCE À UN SIMPLE TOUR DE VIS !
DÉMONSTRATION
TECHNO®
MOI, J'ESSAIE !
PAF !
ZUT ! ELLE A SLICÉ À DROITE !
ALORS, JE LA RÈGLE UN PEU PLUS VERS LA GAUCHE !
CETTE FOIS-CI, ELLE A HOOKÉ TROP À GAUCHE !
CE N'EST RIEN ! JE VOUS GARANTIS QU'APRÈS UN PETIT TOUR DE VIS...
ÉCOUTEZ ! ON N'A PAS QUE ÇA À FAIRE ! RÉGLEZ VOTRE TRUC UNE FOIS POUR TOUTES, SINON ON IRA ACHETER NOS CLUBS AILLEURS !
PERMETTEZ !!
SCRITCH !
SCRITCH !
SCRITCH !
?
COMME JE LE DISAIS... UN SIMPLE TOUR DE VIS !
ÇA MARCHE !
JE LE PRENDS !

MARRE ! MARRE ! MARRE !
?
ALLONS BON ! QU'EST-CE QU'IL Y A ENCORE ?
IL Y A QUE J'AI RATÉ MON COUP UNE FOIS DE TROP !!
IL FAUT QUE JE ME DÉFOULE SUR QUELQUE CHOSE !
TON SAC ! TU ES FOU !!
PEUT-ÊTRE, MAIS CROIS-MOI ÇA SOULAGE !
PLOUF
?!!
BLUB. BLUB.
C'EST LUI QUI EST FOU !
PLOUF !
TU ES RIDICULE ! C'ÉTAIT JUSTE UN VIEUX SAC ! EN PLUS, IL ÉTAIT VIDE !
VIDE ???.. PAS TOUT À FAIT !
!..
TU OUBLIES QU'ON EST VENUS AVEC TA VOITURE !
ET QUE JE N'AI PAS L'INTENTION DE FAIRE 50 KM À PIED !

VOUS TROUVEREZ VOTRE BALLE ENTRE L'HIBISCUS ET LES LILAS SUR VOTRE GAUCHE !
??
C'ÉTAIT BIEN LÀ !
DITES DONC, VOUS AVEZ L'OEIL, VOUS SAVEZ ?!
ZUT ! ENCORE PERDUE !!
À DROITE DU GREEN ENTRE L'EUCALYPTUS ET LES ABÉLIAS !
ENCORE EXACT. JE VOUS DOIS VRAIMENT UNE FIÈRE CHANDELLE !!
PUT!
ET TOC !!
C'EST UN PEU GRÂCE À VOUS SI JE FINIS AUSSI VITE AUJOURD'HUI !
C'EST RIEN !!
EN PLUS VOUS AVEZ DÛ REMARQUER QUE J'AI FAIT QUELQUES PROGRÈS !
MOI, JE DIRAIS MÊME BEAUCOUP !
VOUS CROYEZ ?
OUI ! BEAUCOUP DE PROGRÈS EN BOTANIQUE !

WAH! QUEL SWING EXTRAORDINAIRE !
QUEL ÂGE AS-TU MON GARS ?
10 ANS M'SIEUR !
Y A PAS À DIRE, QUAND ON COMMENCE JEUNE...
ET ENCORE VOUS DEVRIEZ VOIR MON FRÈRE !
IL A 7 ANS
...!
JE VOIS CE QUE TU VEUX DIRE !
BRAVO, MON GARÇON !
TU AS VRAIMENT UN BEAU SWING FLUIDE!
OUI, MAIS IL FAUT QUE J'EN PROFITE VITE !!
PARCE QUE MON PETIT FRÈRE ...
IL NE VA PAS TARDER À JOUER MIEUX QUE MOI !!
AGA !
BOUH !
HA! HA!
ENFIN... TOI AU MOINS, TU ES TRANQUILLE POUR UN MOMENT !
ALLEZ LES GARS ! ON RENTRE !!
AGA?
TRANQUILLE ?? PFF...
ÇA, C'EST VOUS QUI LE DITES !

Au Club SANDWICH
CADDIE ! JE VOUS AVAIS DEMANDÉ DE M'APPORTER UN SANDWEDGE !
PAS UN SANDWICH !
OUPS !...

BLA BLA BLA
BLA BLA BLA ...
SI ÇA NE TE DÉRANGE PAS, MON MARI VA NOUS ACCOMPAGNER !
AVEC PLAISIR !
ET VOUS, VOUS NE JOUEZ PAS AU GOLF ?
ABSOLUMENT PAS !
EN UNE HEURE AU TENNIS, JE FAIS PLUS DE BIEN À MON CORPS QUE SI JE FAISAIS QUATRE HEURES DE GOLF !
C'EST POSSIBLE EN EFFET.
C'EST LA VÉRITÉ MA PETITE ! MAIS CE N'EST PAS TOUT !
EN UNE DEMI-HEURE DE JOGGING, MON COEUR TRAVAILLE MIEUX QUE SUR UN 36 TROUS !
EN QUINZE MINUTES DE FOOT, JE FAIS BIEN PLUS POUR MA TENSION ARTÉRIELLE QUE...
PAF !
OUPS !!
MON DIEU... JE SUIS DÉSOLÉE. QUELLE MALADROITE !
TU PLAISANTES ??
EN 10 SECONDES, TU M'AS FAIT PLUS DE BIEN QUE LUI EN 10 ANS DE MARIAGE !

SI JE RENTRE CE PUTT, JE M'ENGAGE À NE PLUS TRAÎNER AU BAR APRÈS LE PARCOURS !
YES!
PUTT!
SI JE FAIS UN BEAU DRIVE SUR CE COUP, JE M'ENGAGE À NE PLUS TRICHER AU GOLF !
YES!
ZZZZZZ
WAH... ÇA MARCHE TA TECHNIQUE !
ATTENDS ! TU N'AS RIEN VU !
SI JE METS CETTE APPROCHE SUR LE GREEN... JE...
... JE FAIS VOEU DE CÉLIBAT !!
...!!
PLOUF!
YES !!

PARFAITEMENT ! LE GOLF EST UN JEU STATISTIQUE !
ET JE LE PROUVE !
PAR EXEMPLE, UN ARBRE C'EST PLUS OU MOINS 80% D'AIR !
LA BALLE A DONC 8 CHANCES SUR 10 DE PASSER AU TRAVERS !
TU ES SÛR ??
C'EST STATISTIQUE JE TE DIS !
PAF !
POC !
BING !
PIN PON PIN
AMBULANCE
RASSUREZ-VOUS. RIEN D'IMPORTANT N'A ÉTÉ TOUCHÉ ! VOUS EN ÊTES QUITTE POUR UNE GROSSE BOSSE !
OUF ! J'AI EU DE LA CHANCE !
ÇA, VOUS POUVEZ LE DIRE !
VOUS AVIEZ 4,5% DE CHANCE D'ÊTRE PARALYSÉ, 25% DE CHANCE DE PERDRE LA MÉMOIRE... ... ET 0,005% DE DEVENIR UN GÉNIE DU GOLF...
... D'APRÈS LES STATISTIQUES !

ON VOUS A VUS TRICHER LORS DE LA DERNIÈRE COMPÉTITION !
?
PARDON ?
AU 8, VOTRE BALLE ÉTAIT CONTRE UN ARBRE ET VOUS L'AVEZ DÉPLACÉE AVEC LE PIED !!
JE NE VOIS PAS DE QUOI VOUS VOULEZ PARLER !
LAISSEZ-MOI TRANQUILLE !
AU 7, VOUS AVEZ RAPPROCHÉ VOTRE BALLE DE 10 CM SUR LE GREEN...
... ET AU 13, VOUS AVEZ PRÉTENDU QUE VOTRE AIR-SHOT ÉTAIT UN COUP D'ENTRAÎNEMENT !
MON DIEU ! VOUS ÊTES LÀ POUR ME VIRER ??
PAS DU TOUT !
VOUS VOULEZ DE L'ARGENT ? COMBIEN POUR VOTRE SILENCE... COMBIEN ?
35 EUROS ... DE L'HEURE !
CE SONT MES TARIFS DE PROFESSEUR DE TRICHE !
ET VOICI MA CARTE !
G.TRICHET
Membre de l'Association des Tricheurs Anonymes
ET CROYEZ-MOI, APRÈS UNE OU DEUX LEÇONS, VOUS POURREZ FAIRE TOUTES CES CHOSES SANS QUE PERSONNE NE LES VOIE !

DIS DONC ! ÇA FAIT BIEN CINQ MINUTES QU'ON CHERCHE TA BALLE DANS LE ROUGH !
EUH... ET ALORS ?
ALORS, IL VA FALLOIR SONGER À EN DROPER UNE AUTRE !
ATTENDEZ !!... JE VIENS DE VOIR QUELQUE CHOSE SUR LE GREEN !!
N'IMPORTE QUOI ! ELLE EST TOMBÉE PAR LÀ, TA BALLE !
POC !
!
?
C'EST BON ! JE L'AI TROUVÉE !
QUEL TRICHEUR ! CE N'EST ABSOLUMENT PAS SA BALLE !
TU NE DEVRAIS PAS ACCUSER SANS PREUVE !!
LA PREUVE, JE L'AI. MAIS CE N'EST PAS SI FACILE DE S'EN SERVIR !
POURQUOI ?
PARCE QUE SA BALLE... C'EST MOI QUI L'AVAIS !

... JE VOUS DÉCLARE UNIS PAR LES LIENS DU MARIAGE !
MAINTENANT, VOUS POUVEZ ÉCHANGER LES ANNEAUX !
HI ! HI !
HÉ HÉ !
QU'EST-CE QUE C'EST QUE ÇA ??
BEN... EUH...
... EN FAIT, J'AI UN DÉPART DANS UNE DEMI-HEURE ...
JE PEUX ME JOINDRE À VOUS ?
DÉSOLÉ ... !
?!
... ON EST DÉJÀ QUATRE !

Vous aimerez aussi…

Boulard • 6 tomes
Scénario : Erroc
Dessins : Stédo

Les Profs • 21 tomes
Scénario : Erroc & Sti
Dessins : Léturgie

Les Gendarmes • 16 tomes
Scénario : Sulpice & Cazenove
Dessins : Jenfèvre

Les Footmaniacs • 16 tomes
Scénario : Cazenove
Dessins : Saive

Les Rugbymen • 16 tomes
Scénario : BeKa
Dessins : Poupard

BAMBOO ÉDITION

À découvrir au rayon BD

Les Pompiers • 17 tomes
Scénario : Cazenove
Dessins : Stédo

Les Fondus de moto • 10 tomes
Scénario : Richez & Cazenove
Dessins : Bloz

Autour d'Odile • 1 tome
Scénario : Madaule
Dessins : Madaule

Les Petits Mythos • 9 tomes
Scénario : Cazenove
Dessins : Larbier
TOME 9 OCT. 18

Raoul & Fernand • 4 tomes
Scénario : Erroc
Dessins : Erroc

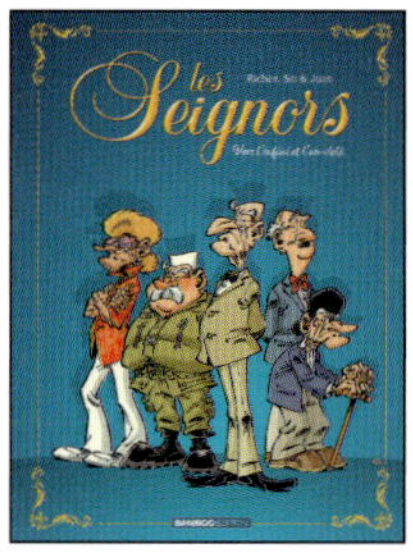

Les Seignors • 1 tome
Scénario : Sti & Richez
Dessins : Juan

Les Animaux marins en BD • 4 tomes
Scénario : Cazenove
Dessins : Jytéry

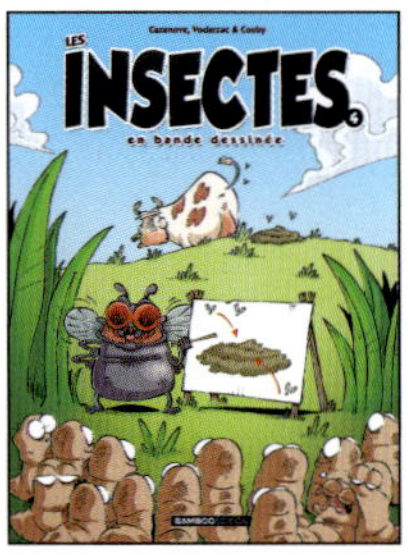

Les Insectes en BD • 4 tomes
Scénario : Cazenove & Vodarzac
Dessins : Cosby

Les Dinosaures en BD • 4 tomes
Scénario : Plumeri
Dessins : Bloz

Le Blog de… Charlotte • 2 tomes
Scénario : BeKa
Dessins : Mabire

Les Amies de papier • 2 tomes
Scénario : Cazenove & Chabbert
Dessins : Cécile

Tizombi • 2 tomes
Scénario : Cazenove
Dessins : William

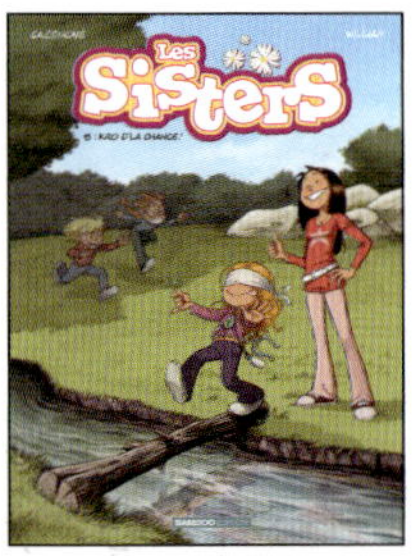

Les Sisters • 13 tomes
Scénario : Cazenove & William
Dessins : William
TOME 13 NOV. 18

Mes Cop's • 10 tomes
Scénario : Cazenove
Dessins : Fenech
TOME 10 OCT. 18

Studio Danse • 10 tomes
Scénario : BeKa
Dessins : Crip

Cath et son chat • 8 tomes
Scénario : Cazenove & Richez
Dessins : Ramon
TOME 8 OCT. 18

Triple Galop • 14 tomes
Scénario : Cazenove & Du Peloux
Dessins : Du Peloux

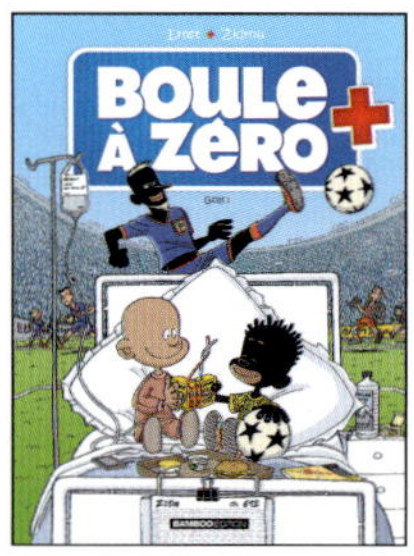

Boule à zéro • 7 tomes
Scénario : Zidrou
Dessins : Ernst

Retrouvez les actualités, infos et extraits de nos séries sur www.bamboo.fr